ちいさいなかまブックレット

2歳児クラスの12か月

社会福祉法人 新瑞福祉会 著　　柏木 牧子 絵

ちいさいなかま社

新瑞福祉会について

社会福祉法人新瑞福祉会は、1965年、無認可の共同保育所としてスタートし、現在は名古屋市瑞穂区で、５つの保育園と、学童保育所・児童のデイサービス・相談支援事業などを行っています。保護者の働きやすい条件づくりと、子どもたちが豊かに育ち、職員も生き生きと保育できるように、保護者や、地域のみなさんとともに保育をつくってきました。

そのなかで、地域の要求に応えて、一時保育事業・障害児保育事業・地域子育て支援センター事業・産休明け育休明け途中入所予約事業・日祝日保育事業・延長保育事業・24時間緊急一時保育事業など、さまざまな特別保育事業を行っています。

特に、産休明けからの保育を、制度化される前から取りくんできたこともあり、乳児期の保育については、ていねいに実践を積み重ねてきました。乳児期には、人とかかわる心地よさをたっぷりと伝えることを大切に、日々の暮らしのなかで子どもたちとの関係を深めていこうと取りくんできました。

そんななか、2015年に待機児童対策で、ななくさ保育園を、2017年には公立保育園の移管を受け、とうえい保育園を開設し、ここ数年で20歳代の若い職員が急増しました。そこで、法人の保育を、若い職員に伝えていこうと、法人内に研修委員会・安全対策会議・保育相談部などを置きました。全職員で保育を交流し、子どもを見つめ直し、解決の糸口をみんなで探れるような対策を、各園任せにせず、法人全体で行ってきています。

共同保育所から50周年の年には、法人の歴史と保育をまとめた『まあるくなれ、わになれ―みんなでつくる、みんなの保育』（新読書社）を出版しました。そのタイトルの通り、「まあるくなれ、わになれ」と、多くの人たちと手をつなぎあい、子どもたちが平和で幸せに育つことができるよう、取りくんでいます。

園の目標

女性の働く権利と子どもの発達を保障し、地域に根ざした保育園をめざします。

1. **多様な保育要求にこたえる保育園をつくります。**
2. **保護者とともに、よりよい保育内容をつくります。**
3. **地域の子育てセンターの役割を果たし、子育て支援を進めます。**
4. **健康で生き生きと働き、学び高まりあう職員集団をめざします。**

実践園について

★ たんぽぽ保育園

定員：80名／開園時間：７時～24時／対象児童：産休明け～５歳児

1972年、法人の設立とともに認可されました。当時は乳児30名定員でした。現在は就学前までの80名定員となっています。乳児は年齢別、幼児は異年齢保育を行っています。夜12時までの夜間保育を実施、合わせて24時間緊急一時保育も行っており、24時間365日開園している保育園です。他に、一時保育、産休明け育休明け途中入所予約事業などを行っています。にぎやかな繁華街の中にあり、法人本部や学童保育所・児童のデイサービスなどの施設も隣接しています。

★ こすもす保育園

定員：100名／開園時間：７時～20時／対象児童：産休明け～５歳児

1981年に開設しました。当時瑞穂区にあった２つの共同保育所と合併して、法人で初めての幼児の保育を実践しました。産休明けから就学前まで100名定員で、年齢別保育を行っています。地域子育て支援センター事業、産休明け育休明け途中入所予約事業、日祝日保育事業などの指定を受けています。閑静な住宅街の中にあり、春には桜の美しい山崎川や、公園・グラウンドなどに毎日散歩に出かけ、あそび中心の保育を大事にしています。

★ さざんか保育園

定員：40名／開園時間：7時〜19時30分／対象児童：産休明け〜３歳児

こすもす保育園の設立とともに、年度途中入所の施設として、さざんか共同保育所を開設しました。その後、こすもす保育園の分園となり、2011年に、3歳児までの40名定員の保育園として独立認可されました。こすもす保育園と山崎川をはさんで徒歩５分ほどの場所にあり、交流保育も行っています。

この本について

★ ２歳児の12か月の保育（2016年度の実践）を、以上の３園で４か月ごとに分担して執筆しました。（目次参照）

★ この本で紹介した２歳児の進級前を『ゼロ歳児クラスの12か月』（2014年度の実践）、『１歳児クラスの12か月』（2015年度の実践）で、同様に３園で分担して執筆しています。

2歳児クラスの12か月　もくじ

4月～7月の
あずき・たけのこぐみ

★さざんか保育園★

2・3歳児クラス

みんなで
ごっこあそび

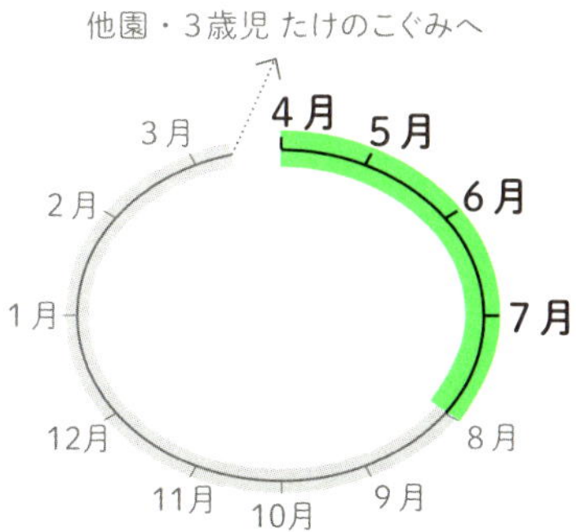

さざんか保育園
あずき・たけのこぐみ

行事

4月 •進級式 •入園式 •わらべうた •避難訓練 •誕生日会

5月 •避難訓練 •誕生日会 •遠足

6月 •避難訓練 •わらべうた •公開保育 •誕生日会

7月 •避難訓練 •プール開き •誕生日会 •懇談会 •瑞穂夏まつり

主な日課（6月）

8:00 合同保育から部屋に移動
順次登園、自由あそび
（ようすを見て小部屋を開ける）

9:15 片づけ、トイレ

9:30 朝の集まり

10:00 午前の活動
手洗い

11:00 ご飯
トイレ

12:00 午睡

14:30 トイレ、手洗い

15:00 おやつ

16:00 自由あそび
順次降園

18:00 夕方の合同保育の部屋へ

19:00 補食（19時以降迎え）

20:00

2016年度

たけのこぐみ（3歳児）

- MRちゃん……12年6月生
- MHちゃん……12年9月生
- MKくん……13年1月生
- HTくん……13年2月生
- TAちゃん……13年3月生
- ASちゃん……13年3月生

あずきぐみ（2歳児）

- HHちゃん……13年4月生
- SMくん……13年4月生
- AYちゃん……13年5月生 5月転園
- KMちゃん……13年5月生
- YSちゃん……13年5月生
- KRちゃん……13年8月生
- MSくん……13年8月生
- YUくん……13年9月生
- SNちゃん……13年10月生
- FMくん……13年10月生
- SHちゃん……14年3月生
- YKくん……14年3月生
- YRちゃん……14年3月生

担当保育士
- ゆりちゃん（6年目）
- まなちゃん（4年目）

臨職
4～6月：午前／14:00～15:30／夕方　各1名

7月：午前／夕方　各1名

6月の月案　方針と取り組み

集団づくり	クラス運営	●グループがえ ●ご飯やおやつのときに、楽しかったことなどの話をする。 ●次の日の予定を伝える。
	魅力的な活動	●朝の会でおたのしみをする。 ●どろこんこあそび ●給食室のお手伝い
作って食べる		●ゼリーづくり ●採れた野菜でクッキング
集団あそび		●1人ひとりが好きなあそびを見つけ、楽しくあそぶ。 ●友だちと「おもしろいね」と、かかわってあそぶ体験をする（おうちごっこ、電車ごっこ、追いかけっこ、など）。
あそび		●1人ひとり好きなあそびを見つけてあそぶ。 ●つもりをもったあそびを楽しむ（おおかみごっこ、おばけごっこ）。 ●おしゃべりを楽しみながら、ごっこや生活の再現あそびを楽しむ。
さんぽ		●安全のルールを意識して伝える（「歩く子は、友だちと手をつなぐ」「道のはしっこを歩く」「交差点では止まり、車や自転車が来ないか見る」など）。 ●友だちと手をつないで歩く楽しみを知る。 ●遊歩道で、かけっこを楽しむ。
課業	手指活動	●道具を使うことを楽しむ（お茶碗、スプーン、砂あそびのスコップ、型抜き）。 ●ひも通し、ファスナーの開け閉め ●粘土 ●パズル
	体育	●全身を使って動くことを楽しむ（段差登り、歩く、くぐる、ジャンプ、走る、など）。
	科学	●夏の自然を感じたり、触れたりする（あり、てんとうむし、だんごむし、ちょうちょなどの生き物）。 ●野菜の栽培
	文学	●絵本を読んでもらうことが楽しくなり、みんなで共感しあう。 ●絵本棚から好きな絵本をとって見る。
	わらべうた・歌	●かんたんなうたやしぐさを覚えて、歌うことを楽しむ。 ●役割を楽しむ（あめふりくまのこ、てるてるぼうず）。
	絵画制作	●えんぴつやくれよんで、なぐりがきを楽しむ。 ●ちぎりあそび ●シール貼り
基本的生活	育てたい力	●「今から〜しようね」と確認し、毎日のくり返しのなかで見通しをもってすごす。 ●自分でできることを増やしていく。
	日課	●やってみようかなと思えるような時間にゆとりをもった日課ですごす。 ●楽しくあそび、食べ、満足する気持ちをつくる。
	睡眠	●安心して眠っていけるように、安心できる保育士がそばについたり、眠る場所を決める。
	食事	●楽しい雰囲気の中で楽しく食べよう。 ●いただきます、ごちそうさまの区切りをつける。 ●食べるマナーを伝えていく。
	排泄	●活動の区切りにトイレにいく。 ●あずきも午前中はパンツですごす。
	着脱	●パンツ、ズボン、くつなど、自分で履いたり脱いだりしよう。 ●服の前後を意識しよう。
	清潔	●汚れたことに気づき、きれいにしようとする。 ●食事の前後に手(口)を拭く。 ●ご飯、おやつ前の手洗い ●あずきも個人用手拭タオルを使う。 ●暑い日は、シャワーでさっぱりする。
	片づけ	●日課の区切りに、保育士といっしょにおもちゃを片づける。 ●くつ、くつ下、帽子を自分で片づけよう。
	環境	●生活、あそびでの部屋の使い方を知る。 ●わかりやすい生活の環境をくふうする。
健康		●室温や換気に気をつける。 ●虫さされに注意する。
連絡		●6月から、あずきぐみも個人用手拭タオルを使います。 ●トイレのマークのところにかけてください。 ●17日（火）は公開保育です。 ●22日（日）はクリンナップデーです。 ●持ち物には、すべて名前を書いてください。

4月のあずき・たけのこぐみ

大きくなったね！
みんなと仲よくなりたいな！

4月のねらい

★新しいクラスのなかまと、仲よくなろう。
★あずきぐみ・たけのこぐみの部屋と生活に慣れていこう。

◆「あずきぐみ」と「たけのこぐみ」

さざんか保育園は準乳児専用保育所のため、３歳児に進級する際に、ほとんどの子どもが新しい保育園に入園していきます。下のきょうだいが在園していたり、希望園に入園できないなどの理由から、例年、数名がたけのこぐみ（３歳児）としてさざんか保育園に残り、２歳児あずきぐみと合同で過ごします。

◆「友だちって、いいな！」の願いをもって

担当のゆりちゃんは１歳児から、まなちゃんは２歳児からの持ち上がり。前年度は２歳児のみの単独クラスだったので、２人とも２･３歳児合同クラスでの保育経験がなく､不安と緊張のスタートでした。

子どもたちには、「あずきぐみだから」「たけのこぐみだから」と遠慮せず、友だちに自分の思いをいっぱい出して、「友だちとあそぶのって楽しい」という気持ちを広げていってほしい。この１年で「自分っていいな！」「友だちっていいな！」と思えるようなクラスにしていきたい。そんな願いをもって保育を始めました。

◆ 新しいクラスに、不安も喜びも…

あずきぐみも、たけのこぐみも、安心して過ごせるように、あずきぐみは、１歳児えだまめぐみでのグループを引き継ぎ、たけのこぐみも１つのグループになって過ごしました。慣れたグループだったので、食事や朝の集まりで大きな混乱もなく過ごすことができました。

あずきの子どもたちは、進級前から「大きくなったから、あずきになるんだよ」と、楽しみにしていましたが、ＹＫくんは緊張するのか、いつも仲よしのＭＳくんのそばにいました。

たけのこの子どもたちは、大きくなった喜びの一方、いっしょに生活してきた友だちが卒園し、子ども集団が変わることの不安もあり、持ち上がりの保育士がいないと泣けてしまう姿もありました。

進級式と入学式で、よろしくね

4月1日に、あずき・たけのこぐみの進級式をしました。子どもたちと仲よくなりたくて、ゆりちゃんは手品、まなちゃんはエプロンシアター「おおきなかぶ」を披露。あずき・たけのこぐみのマークと、子どもたち全員のマークがついた進級証書を、たけのこぐみから順番にわたしました。進級式の最後は、ポップコーンのクッキング。

4日には、入園式がありました。例年どおり、あずき・たけのこぐみが出席し、大好きな手あそびを披露しました。

4月のあずき・たけのこぐみ

食事

●たけのこのＭＫくんが、金時豆をパクパク食べていたので、「たけのこさんは、お豆を食べれるから、こんなに大きくなったんだね」と、声をかけました。
すると、あずきの子どもたちが、いっせいにお豆を食べはじめ、「おまめ、たべた！」と、空っぽになったお皿を次々に見せてくれました。
たけのこさんみたいになりたい気持ちがステキです。

排泄

●はじめての男の子トイレに目を輝かせる、あずきの子どもたち。男の子〈だけ〉立ってできるというのがうれしそう。やってみたくて座ろうとする女の子もいましたが、ＭＳくんは、なんと男の子トイレでうんち！「おとこのこだからだよ！」と、自信満々。大きくなったことへの喜びを感じました。

●朝の集まりや、ご飯・おやつの前に、たけのこの子たちがトイレに行く姿を見て、あわてておもちゃを片づけてトイレに行くあずきの子。たけのこのＭＲちゃんが「トイレいくよ！」と声をかけてくれると、うれしそうに後を追います。

片付け

- お片づけが好きな子が多い、あずきぐみ。保育士が活動の区切りに「お片づけしよう」と声をかけると、ぱっぱと始め、ＹＵくんは長くつながったブロックも１つひとつ外しています。
たけのこの男の子たちは、そんなＹＵくんの姿に気づき、片づけを始めました。たけのこからだけではなく、おたがいに刺激しあって過ごす子どもたちです。

環境

- 寝る部屋は、小部屋はあずき、ままごとコーナー前（おもちゃ棚のあいだ）はたけのこにしました。
あずきぐみをゆりちゃんが、たけのこぐみはまなちゃんとせんちゃん（臨職）の担当（どちらかはトイレの補助や片づけ、清拭）です。
ふとんを敷く場所を決めて、小部屋の扉を閉めたことで、落ち着いてふとんにゴロンとすることができました。

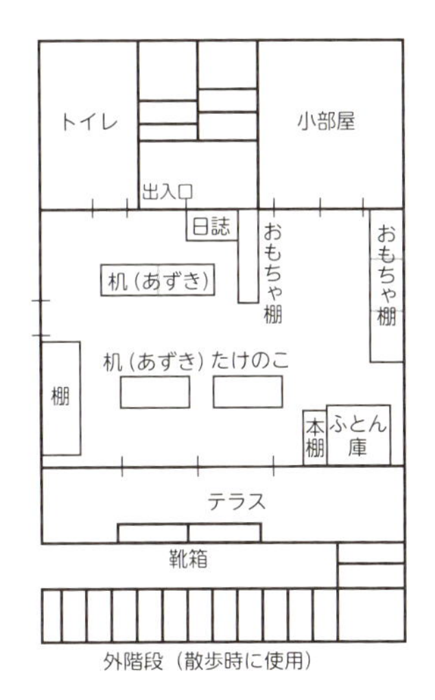

あそび

- はじめて手つなぎで散歩に行きました。「たけのこは、たけのこだけでつなぐ！」と、たけのこの女の子たち。たけのこの男の子は、「〇〇ちゃんがいい」などと、あずきぐみの子を誘って、手をつないでくれました。
きれいな満開の桜を見ながら遊歩道をみんなで歩き、途中の児童館で休憩。トイレを借りに行った子どもたちを待っているあいだ、桜の花びらを雪のように降らせて楽しみました。

今まで乳母車に乗っていた子も、何回か散歩に行くと、「あずきになったから、うばぐるまは、なしだよね」と、保育士に確認したり、「今日は○○ちゃんと」と、友だちとの手つなぎを楽しみにしていました。

● あずきぐみとたけのこぐみでは、やりたいあそびも違います。それぞれのあそびを保障するために、夕方には小部屋やプレイルームを使って、分かれてあそびました。あずきぐみは新しいおもちゃや絵本、プラレール、かばんにままごとの食べ物を詰めてお出かけごっこ。たけのこぐみは小部屋でぬり絵や粘土をして、落ち着いてあそんでいました。

5月のあずき・たけのこぐみ

やりたい気持ちも
友だちを支えに

5月のねらい

★あそびや生活をとおして、みんなと仲よくなろう。
★部屋の使い方を知り、クラスの生活に慣れていこう。

◆ たけのこさんに、あこがれて

あずきぐみのＡＹちゃんが転園し、18人のクラスになりました。５月になり、あずきぐみとたけのこぐみとでかかわってあそぶ姿が増えました。

プリンセスになりきってあそぶたけのこの女の子を見て、自分から保育士のところへ風呂敷を持ってきて、たけのこといっしょにプリンセスや王子様になった、あずきの子たち。

生活の場面でも、「たけのこと同じようにやりたい」あずきの思いが感じられ、たけのこも、そんなあずきを見て、大きい自分を見せたい姿がより出てきました。

その一方で、自分の気持ちをうまくことばにできず、ケンカになることもあります。けれども、保育士があいだに入り、おたがいの気持ちを受けとめて代弁していくと、遠慮せずに自分の思いを出し、友だちに自分の気持ちを伝えたり、友だちの気持ちに気づく場面も少しずつ増えてきました。

◆トイレ、お散歩も、友だちといっしょ

朝の会の前にトイレに行くようにしていましたが、ある日のＹＵくんは、ずっと拒否。そこで、「誰といっしょに行く？」と声をかけると、すぐに「ＳＨちゃんと！」と答えてくれました。

ＳＨちゃんに、「ＹＵくんがいっしょに行きたいって言ってるけど、いい？」と聞くと、うれしそうに手をつないでくれ、いっしょにトイレに行けました。

お散歩に行くのに、「くつ、はけない」と、座りこんでしまったあずきのＫＲちゃん。たけのこのＭＲちゃんが、「わたしがやってあげる！」と、保育士よりも先に気づいてはかせてくれました。

どの子も、いろんな形で友だちを支えにしながら生活しているのだと感じました。

カタツムリの飼育

ＫＭちゃんが、公園で見つけたカタツムリを２匹持ってきて、子どもたちは興味津々。給食室からキャベツとにんじんをもらい、虫かごに入れると、うんちが緑色やオレンジ色。

ＫＭちゃんのお母さんが貸してくれた絵本には、食べたものの色が、うんちに出ると書いてありました。

そこで保育士が、『あかちゃんかたつむりのおうち』という絵本を朝の会で読み、タンポポや緑の葉っぱも食べるとわかり、公園で、落ち葉や木の枝もいっしょに、牛乳パックのかばんいっぱいに集めました。

パクパクちゃん、ひなちゃんと、名前もつけました。

5月のあずき・たけのこぐみ

魅力的な活動

- 進級してはじめての遠足に行きました。あずきぐみは、はじめてリュックにお弁当を入れて登園。行き先は、コンクリートすべり台。
はじめは、保育士に支えてもらいながら登っていたのに、「やったー！のぼれたよ」と、できなかったことができるようになった子どもたち。
散歩から戻ると、テラスにブルーシートを敷いて、みんなでお弁当を食べました。

睡眠

- 小部屋で寝ていくあずきぐみを、保育士といっしょにトントンしたいＭＫくん。そこで眠そうにしていたＹＫくんをお願いすると、気持ちよさそうに寝ていきました。それを見ていたＭＲちゃんは、「ＹＲちゃんをトントンしたかった」。
そこで、次の日からたけのこぐみにお願いすると、あずきの子たちから「○○ちゃんに！」と、リクエストも。「してもらいたい人は、静かにおふとんにゴロンしててね」と声をかけると、静かに寝て待っています。
あずきのＫＭちゃんは自分がしてあげたくて、あずきの子に「トントンしてほしい？」と聞きに行っていました。

食事

●たけのこぐみが自分で食器を片づけているのを見て、あずきぐみも自分で片づけたくなりました。はじめ、全部の食器を一気に持っていこうとしていたので、「たけのこさんみたいに、両方の手で1つずつ持っていってね」と、声をかけました。すると、ていねいに1つずつ運んでくれ、全部終わると満足そうな表情でした。

排泄

●保育士に声をかけられてからトイレへ行っていた、あずきのMSくん。ある日、おやつの前に1人でトイレへ行き、終わると、保育士のところへ来て「トイレにいったよー！」と、報告。1人ひとりに合わせた声かけをしてきたことで、自分から行けたのだと思います。

清潔

●あずきぐみで手洗いを始めていくことにしました。看護師と主任に手伝ってもらい、手にばい菌がたくさんいること、「手洗いのうた」と、洗い方を教えてもらいました。
あずきのどのグループにも、たけのこぐみの子が入るように分けて、お手本を見せてもらいながらうたを覚え、その日のご飯から「おねがい～

おねがい～」と、歌いながら洗っていました。
家から手拭きタオルを持ってくるようお知らせしましたが、自分のタオルがうれしくて、「みてー！」「このかわいいのにする」と、朝、保護者といっしょに決めていました。

あそび

● お庭にテーブルを出して砂あそび。ゆりちゃんがお母さんになり、「ご飯よ～」と、テーブルにお皿を並べると、子どもたちが集まってきました。いっしょにお母さんになりきって、「ゼリーできましたよ」と作ってくれたり、「お姉ちゃんになる～」と入ってきたり、「としょかん、いってくる」と出かけていったりと、それぞれが自分の役になりきっていました。ゆりちゃんが、「もうこんな時間！ご飯、片づけないと！」と言うと、みんなでお皿を洗ったり、テーブルの上の砂も掃除します。いつも見ているお母さんのしぐさをまねしているようで、この後も、お風呂に入って、パジャマを着て…と、ごっこあそびが続いていきました。日常生活の再現あそびは、子どもにもわかりやすいようでした。

6月のあずき・たけのこぐみ

わくわく、どきどき
季節のあそび、制作を楽しもう!

6月のねらい

★好きなあそびに取りくんで、友だちをたくさんつくろう。
★自分の気持ちを話したり、友だちの気持ちに気づいていこう。

◆ 懇談会で学び、交流

月初に懇談会をしました。2・3歳児の発達の姿がわかるプリントを配布し、保育士がこの1年でどんなことを大切に保育していきたいかを伝えました。その後、保護者同士が交流できる時間をつくり、悩みを話しあいました。

「夜、寝ない!」というママの発言から、「どう寝かせてる?」「スマホどうしてる?」という話題でもりあがりました。

「テレビは時間を決めて見せている」「スマホで怖いのを見せて、『夜寝ないと…』と、おどかしてしまった」と話が出ると、「うちも、髪を貞子のようにして、『寝ない子、誰だぁ~』とやった」と、演技派な意見も…。

ほかに「昼間、どれだけ体

を動かせるかが勝負」「夜でも自転車をこがせた」「ブンバ・ボーンを踊らせた」「フラフープやトランポリンもいいよ」などの話も出てきました。

◆ 保護者のリアルな声に応えたい

仕事と育児を両立させるなかで、ゆっくり親子の時間を過ごしたいけれど、「明日も仕事…」「洗濯や食事の用意」に追われ、限られた時間をどう使うのか、悩みながら日々がんばっている保護者のリアルな声に、担任も「できることで支えていきたい。保育園にいるあいだは、安心してほしい」と思った懇談会でした。

トロトロ・プルプル、あんかけあそび！

暑くなり、シャワーも始まった月の後半、感触あそびをしたいと、あんかけあそびをしました。

プラ舟に、片栗粉をお湯で溶いてトロトロのもの、プルプルのものを用意しました。苦手な子のために、食紅で色をつけた色水も作りました。

はじめはプラ舟のまわりに座って、指でツンツン。そんななか、豪快にプラ舟に入っていったのは、たけのこぐみの男の子たち。コップにあんかけを入れて、まぜまぜお料理を始める子、手につかないように、スプーンですくってみる子もいます。

はじめは遠慮がちにさわっていた子どもたちですが、最後にはほとんどがプラ舟に入って、全身ドロドロ～！みんなで思いっきり楽しみました。

6月のあずき・たけのこぐみ

食事

● おやつに出た、にんじんのジャムサンド。1回目はどの子もあまりすすまなかったので、2回目は、給食室がパンとジャムを分けて出してくれました。
「にんじんのジャム、塗る？」と聞きながら、子どもたちの目の前で塗ると、「ジャムぬって！」と言う子が多くいました。
給食室の職員は、いつも積極的に子どものようすを見にきてくれます。2週間サイクルで同じ献立をくり返すことで、1回目は子どもたちの食べ方をていねいに見て、2回目はよりおいしく食べられるようにくふうをしてくれています。
みんながおいしく食べられるように、「今その子にとって必要なこと」を、特別ではなく「あたりまえに」できることが、自園給食のよさだと実感しています。

清潔

● 5月に手洗いの取りくみをして、手洗いブームのあずきぐみの子どもたち。ご飯の前に、たけのこぐみが手を洗っていると、あずきの子たちも、「あらう～！」とやってきます。
洗っている子も、待っている子も、みんな、覚えたての手洗いのうたを歌います。
ＳＭくんは、たけのこの子のようすをじっと見てから自分も洗って、「み

てみて！ピカピカ！」とうれしそう。あずきの女の子たちは「ゆりちゃんのまほうのメガネで、バイキンキンいなくなったかみて〜！」と、両手を広げて見せにきてくれます。「どれどれ…。ピカピカだぁ〜」と驚くと、「だって、あわあわであらったもん！」と、自慢げに教えてくれました。

あそび

- 保育園でいちごシロップを作ることになり、子どもたちと氷砂糖を買いにお店に行きました。その経験が子どもたちの中に残っていたので、レジや買い物かご、お財布とお金も用意して、お買い物ごっこをしてみました。
お店屋さんになりたい子と、お客さんになりたい子に分かれ、エプロンをかけたり、お財布やかごを持って準備完了！
お客さんは、「ジュースください」「ケーキください」と、お買い物をしてレジに向かいます。
はじめ、レジはたけのこぐみが担当してくれました。「ピッ！

ピッ！○円です！」と、レジを打つ人、商品をかばんに入れて「ありがとうございました！」とわたす人で、仕事を分担。あずきぐみは、その姿をじぃ〜っと見て、「かわって！」。順番にやってみると、どの子もママやパパとのお買い物でよく知っているのか、「カードですね」「ピッ」と、おとな顔負け。本物そっくりにあそんでいました。

制作

- 6月は、カタツムリの色塗りをしたり、あじさいの貼り絵や、てるてるぼうずを作りました。
飼育しているカタツムリを観察したり、絵本を読んだり、とってもカタツムリにくわしい子どもたち。「おうち、おめめ」と、言いながら色を塗っていました。
てるてるぼうずは、新聞紙を丸めて白い紙で包みました。たけのこさんは、自分で白い紙で包むことにも挑戦。
あじさいは、たけのこさんは、はさみを使い、あずきさんは、手で紙をちぎって、台紙に貼りました。
作ったあとは、みんなで「かたつむり」や「てるてるぼうず」のうたを歌って楽しみました。てるてるぼうずを作った日は、夕方に雨が上がり、子どもたちは大喜びでした。

7月のあずき・たけのこぐみ

なにもかもがカッパだらけ！カッパブームの子どもたち

7月のねらい

★プールあそびで、友だちになろう。
★気持ちをことばにしたり、友だちの気持ちに気づいていこう。

◆ プール開きにカッパ登場！

月はじめに、全クラスが集まって「プール開き」をしました。司会のゆりちゃんがプールの使い方を説明していると、突然カッパ（まなちゃんが変装）が乱入！プールに勝手に入ろうとします。子どもたちは、「ダメー！」「体操してない」「水着、きてない」。

そう言いながらも「カッパくん、いっしょに体操しよう」と誘うと、カッパが「ボク、楽しい体操、知ってるよ」。そこで「かっぱなにさま？」をみんなで踊りました。

◆ バタ足で、水しぶき！

7月、いちばん楽しんだのは、もちろんプールあそび。たけのこぐみの男の子がバタ足で、大きな水しぶきをあげています。そんな姿に、あずきぐみの子どもたちは目を輝かせ、すぐに参加。バタ足大会や顔つけぶくぶく大会であそびました。

カッパブームの中、クラスでくり返し読んできたのは、『まゆとかっぱ』の絵本。絵本にあるように、「はっけよ～い、のこった！」の合図で、プールに並んだ子どもたちが、バタ足で「バシャバシャずもう」をします。みんなでいっせいにすると、すごい水しぶき。バシャバシャ、みんなで何度も楽しみました。

　また、リズムあそびのうたを歌いながら、ワニで泳いだり、イルカになりきってジャンプをしたり、ラッコになってあお向けに浮かんだり、思い思いの動物に変身していました。

きゅうりを食べたら…

　プール開きのときから、きゅうりを食べるとカッパになると思っている子どもたち。「ゆかりあえ」を食べて…、ＭＳくんが服の一部に緑色を見つけ、「みて！たべたら、みどり色になってきた」と言うと、まわりの子たちも「○○ちゃんも、ズボンがカッパになってる」と、服の緑色を次々に見つけ、カッパトークでもりあがっていました。

7月のあずき・たけのこぐみ

生活のルール

● 1歳児クラスと話しあい、あずき・たけのこぐみのプールの時間を決めました（10時20分～）。朝の会が終わり、水着を用意すると、子どもたちが自分で水着に着替え、クラスの出入口に集まること、プールに入る前に体操することも見とおせてきました。
たけのこぐみが中心になり、「○○するんだよ」などと、声をかけあっていると、まわりであそんでいたあずきぐみの子どもたちも気がついて、自分から活動に向かう姿が出てきました。

クッキング

● 6月から育てていたきゅうりで、「ゆかりあえ」のクッキングをしました。保育士が、子どもたちの前できゅうりを切り、ゆかりも入れ、グループに1袋ずつ。子どもたちに、もんでもらいました。
自分で作れるのがうれしくて、順番がくると、「おいしいのができるといいな」と、両手で一生懸命もんでいました。
いつもはあまり食べない子もおかわりしている姿に、「次は1人に1袋」と思いました。

あそび

- 行事食の七夕うどん、誕生日会などで、七夕や天の川について知った子どもたち。手足に黄色い絵の具をつけ、星にみたてたフィンガーペインティングで、天の川を作ってみることにしました。
  大きい黒い紙を用意すると、手形足形をたくさん、何回もくり返しペタペタつけて楽しんでいます。体に塗るのが楽しくなって、腕や足、顔にまで絵の具を塗っている子がいる中で、手につくのが嫌な子は、いつも使っているポンポンペインティングのタンポで、手を汚さずポンポンしました。
  「これは○○ちゃんの手だ！」「ここ、まだ黒いよ」と、子ども同士話しながら、天の川作りを楽しんでいる姿がありました。
  天の川ができあがると、お庭で、体やブルーシートについた絵の具を落としながら、色水どろんこあそびのスタートです。
  お昼寝から起きると、天の川に、彦星と織姫をつけて完成！
  お部屋に飾りました。

●夕方、ＫＭちゃんがプリンセスになりたくて、スカートやマント、かんむりを身にまとい変身。保育士に、「王子さまになってー」と、かんむりを持ってきました。
舞踏会のつもりでいっしょに踊っていると、どんどん観客が増え、そのうちいっしょに踊りたくなって、スカートをはいたプリンセスたちが、舞踏会に参加します。
男の子も保育士のところに、かんむりを「つけて」と持ってきて、王子様に変身。なんのうたかはわかりませんが、うたに合わせ、友だちといっしょに踊るのが楽しそうでした。

わらべうた

●月１回、わらべうたの先生が来てくれます。シフォン布で「大風こい」を楽しんだ日の夕方、ＹＵくんがままごと用のハンカチを、お友だちの頭に。保育士が「大風こい、やってるの？」と聞くと「うん」。どんなあそびがしたいかわかって、まわりにいた子たちもいっしょに楽しみました。ゼロ歳のころ保育士にしてもらっていたわらべうたで、友だちといっしょにやりとりを楽しんでいて、同じわらべうたでも年齢によってあそび方・楽しみ方が変わっていくことを実感できました。

さざんか保育園

あずき・たけのこぐみの12か月

新級時、２歳児あずきぐみの子どもたちは大きくなったことや新しい部屋に喜ぶ子が多く、スーパーへクッキングのお買い物に行ったり、いちごシロップを作ったりした経験を重ね、「あずきさんだからできるんだよね」と自信をつけていきました。

反面、３歳児たけのこぐみの子どもたちは進級時に不安を表す子が多く、その思いを受けとめ、去年と環境を大きく変えず、小部屋の扉を閉めてたけのこだけでぬり絵や粘土をするなど、たけのこにとっての安心感も意識しました。

クッキングをたくさん行い、４月にポップコーン、６月はいちごシロップ、８月は育てた野菜を収穫しました。中でもピーマンのおかかあえはくり返し作り、ピーマンが苦手な子も「おかかだけたべる」「ちいさいのだけたべてみる」と挑戦する姿がありました。保護者から「スーパーでピーマン買ってと言われました」とうれしい報告をもらったり、クッキングを楽しむ子どもたちの姿を見た保護者から、つる付きのさつまいもや渋柿、乾燥とうもろこしもいただきました。園でなかまといっしょにいも掘りや干し柿作り、とうもろこしをバラバラにしてポップコーン作りなど、さまざまな体験ができました。

６月のいちごシロップのゼリー作りは失敗してしまったので、２月にもう一度シロップから作り、給食室ともゼラチンの量などを相談し、形のあるゼリーが完成しました。ほかにも、クッキーを作ってお父さんお母さんにプレゼントしたり、豚汁を作って、園内でパーティーもしました。

１年間、子どもの「やりたい」思いを大切に保育をつくり、朝の会などでは子どもたちの声を積極的に聞いてきました。そして、あそびを通して広がる友だち同士のかかわりも大切にしてきました。友だちの姿を見て自分もやりたいと思えたり、「○○くんと、はしったよね」と、友だちといっしょにしたことを楽しかったと感じられるようになったり、子どもたちは友だちの中で大きくなっていったな、と感じられた１年でした。

（加藤百合子）

8月～11月の にわとりぐみ

★たんぽぽ保育園★

2歳児クラス

3階のお庭で
追いかけあそび

3～5歳児 うみ・やまのおへやへ

4月 5月 6月 7月 8月 9月 10月 11月 12月 1月 2月 3月

たんぽぽ保育園
にわとりぐみ

行事

8 月	●希望保育日（12・13・15日）　●わらべうた　●かっぱまつり
9 月	●お楽しみ会　●防災訓練　●運動会予行練習　●懇談会
10月	●運動会　●遠足　●にわとり＆幼児給食懇談会
11月	●わらべうた　●アレルギー懇談会　●バザー

主な日課（9月）

8:00	合同保育からクラス保育に順次登園、自由あそび
9:00	トイレ
9:30	朝の集まり
10:00	午前の活動（散歩・制作など）
10:45	水あそび
11:00	ご飯、トイレ
12:00	午睡
14:30	起きた子からトイレ 自由あそび
15:30	おやつ
16:00	自由あそび 順次降園
17:00	トイレ
18:00	かぜの部屋（乳児遊戯室）へ移動
18:30	ひよこぐみで合同保育
19:00	補食（19時以降迎え） 夕食（20時以降迎え）
20:00	お風呂 （21時以降迎えの希望者）

2016年度　にわとりぐみ

- ＷＪちゃん……13年４月生
- ＨＳちゃん……13年４月生
- ＦＳくん……13年５月生
- ＭＲくん……13年５月生
- ＮＳちゃん……13年６月生
- ＩＭちゃん……13年７月生
- ＡＫくん……13年７月生
- ＳＲちゃん……13年７月生　11月入所
- ＳＳちゃん……13年９月生
- ＴＹくん……13年９月生
- ＭＫちゃん……13年10月生　４月入所
- ＫＭくん……13年10月生
- ＭＭちゃん……13年11月生
- ＨＲちゃん……13年12月生
- ＯＴちゃん……14年１月生
- ＯＳくん……14年２月生

担当保育士

- れいなちゃん（10年目）
- みさきちゃん（１年目）

臨職

午前／夕方　各１名

10月の方針

生活

- 散歩や取り組みなどを充実させた日課にする。
- 楽しかったことなど、1日のできごとを話題にできるようにする。
- 自分で納得して、区切りをつけて次の活動に向かえるようにする。
- 服が汚れたら、着替えようとする。
- 行事前の期待を込めた3日カレンダーを作る。

食事

- 食べてみる体験を広げていく。
- フォーク、スプーンの下手持ちを完成していく。

あそび・散歩

- 保育士と手をつないで行く。子ども同士の手つなぎでも行く。(うみ・やま合同で散歩に行く)
- 再現あそび、つもりのある追いかけあそびを楽しむ。
- 目的地でいっぱいあそぶ(すやま公園、ラグビー場)。

課業

[音楽] ● みんなでうたうことを楽しむ。
[体育] ● リズムを楽しむ。目的地に向かって走る。
[描画] ● なぐり描き、塗り絵、ポンポンを友だちや保育士といっしょに話をしながら描く。
[手指] ● かんたんな道具を使う(はさみ、のり)。
[科学] ● 季節の自然に触れ、いろいろな発見を楽しむ(スズムシ、トンボなど)。
[文学] ● かんたんな物語をごっこで楽しむ。

集団

- みんなで楽しめるごっこをする(みんなが好きな物語から、ごっこを楽しむ)。
- 共同制作、クッキングなど、「みんなでやったね」を楽しむ。
- 朝、夕の集まりやご飯、おやつのときなど、やること、やったことを、みんなで話していく。

8月のにわとりぐみ

夏のあそび、楽しいな！
プールをとおして、成長した夏

8月のねらい

★友だちと共感して、あそぶ楽しさを知ろう。

◆カッパさんから「明日、見に行くね」

３階の大きいプールであそべるようになった、にわとりぐみです。大きいプールがうれしくて、ワニ泳ぎやイルカジャンプ、アヒル歩きなど、自分のペースで水に慣れていきました。

プール最後の日は「カッパまつり」です。

朝の集まりで、「プールでできるようになったこと」をインタビューすると、全員が自信満々に答えてくれました。

プールが終わる前日に、カッパさんから「明日、見に行くね」という手紙が届きました。７月に、にわとりぐみがベランダで栽培したきゅうりをあげたので、お礼の手紙がきたのです。

◆プールの最後は、「カッパまつり」

プール最後の日。事務室の保育士たちが見に来てくれると、「みて、みて」と、得意技を披露。そこへ、ひょっこりちいさなカッパさん（人形）がのぞいているのを発見！子どもたちは、「カッパさん、またきてくれた」と大喜び。

その後、ご飯のときに、６月にみんなで作った梅ジュースで乾杯しました。

見とおしを伝えるくふう

時計の文字盤に色のシールを貼って、「長い針が黄色になったらご飯だよ」「赤色になったらお片づけしようね」と、あらかじめ伝えました。そのうえで、「もうすぐ赤だから、そろそろ片づけようね」と声をかけていきました。子どもたちが、保育士といっしょに時計を見て確認することで、「これ、つづきにする」と、自分で区切りをつけている姿がありました。

8月のにわとりぐみ

睡眠

- 大プールでたくさん体を使ってあそぶので、寝つくのが早く、自分で目をつむって寝ていく子もいました。

排泄

- 布パンツをはく子が多くなりました。そこで、プール前後・午睡後・おやつ後・夕方など、活動の区切りでトイレに誘うようにしました。なかなか行く気になれなくても、友だちが「いっしょに行こうか」と誘ってくれると、うれしそうに行ったり、友だちを支えにしていける姿がありました。

あそび

- 夕方は、にじの部屋（ホール）とお部屋で、あそびました。にじの部屋では、保育士がやっていた、オオカミごっこのオオカミ役をMMちゃんがやりはじめ、逃げだす子どもたち。

月齢の低い子どもたちだけでも、楽しむ姿がありました。
お部屋では、バスごっこやネコごっこ、お医者さんごっこなどであそびます。聴診器などのグッズを用意することで、よりイメージをもて、友だちとつながりやすくなりました。

- プールでは、友だちと手をつないで、「まわれまわれ、くるくる～」といううたに合わせて回ったり、イルカショーごっこなどをしました。
イルカショーでは、１人ひとりができる得意な技をやったり、はずかしい子は、友だちといっしょにしました。最後はみんなで「いっせーのーで！」と技を披露して、「友だちみんなとつながって、楽しいね」が感じられました。

- わかめ、氷、色水、泡を用意して、感触あそびをしました。
乾燥わかめを水でふやかすと、感触が苦手でさわれない子もいます。そこで、透明のコップやスプーンを用意して、ごっこあそびにも発展してあそべるようにしました。
色水あそびでは、食紅で色をつけた３種類の色水を用意しました。色水を混ぜると色が変わることを発見。そこから「ぶどうジュースになった」と、みたてたり、泡を作って「いちごかき氷になった」などと発展していきました。

クッキング

● 食物アレルギーの子もいっしょに、みんなでクッキングを楽しみたいと、「ビーフン」を作りました。キャベツや、ピーラーで薄くしたにんじんをちぎったり、しめじを割いて、「みて〜、ちいさくできたよ」。
保育士が目の前で焼くと、「おいしくなーれ」と、声を合わせて魔法をかけてくれました。

制作

● ペットボトルのふたと、段ボールを折って作ったものと、2種類のスタンプを用意して、かき氷の型紙に、スタンピングをしました。ふたには黄色い絵の具、段ボールにはピンクの絵の具をつけて押し、模様や色を楽しみました。
黄色いかき氷の味を聞いてみると、「カレー味」「バナナ味」などと答える子どもたちの発想がかわいかったです。

9月のにわとりぐみ

アイディアいっぱい
追いかけあそびで楽しもう！

9月のねらい

★友だちとつもりを共感しよう。

◆ 日常のあそびを、ビデオにして

にわとりぐみでは、4月からちょっとしたつもりをもった「追いかけあそび」をたくさんしてきました。その中でも、「3びきのこぶた」の追いかけあそびが大ヒット！

「次は、木のおうちに逃げよう！」と、オオカミとの「まてまて」を楽しんだり、「トンカチでやっつけよう！」などと、子どもたちが新しいアイディアを出して楽しんできました。

そんなあそびのようすをビデオに撮って、懇談会で保護者に見てもらうと、友だちと力を合わせてオオカミをやっつけようとしている姿に、「少

しずつ集団になってきていますね」と、成長を感じるという感想をいただきました。

◆ 懇談会で、保護者同士の交流

あるお母さんから「家では、おしっこを失敗すると、つい怒ってしまう」という悩みが出され、「もうお姉パンツ（布パンツ）はいていて、すごいよ」「うちは、お姉ちゃんもそうだったように、にわとりぐみが終わるころに、紙パンツがとれればいいと思っている」と、他のお母さんが経験を話してくれました。

ほかにも、「お父さんが、感情的に怒ってしまうことがある」という声に、「今度、父ちゃん会でもしませんか」と、アイディアを出してくれるお母さんもいました。

保護者同士で交流することで、少しでも気持ちが楽になる懇談会にしていきたいと思いました。

お散歩は、みんな手つなぎで

今までは、乳母車に乗って散歩に行く子もいましたが、9月に入り、全員が手をつないで行くことにしました。「大きくなったから、みんなで手をつないでお散歩に行こうと思うんだけど、できるかな？」と相談すると、「つなげるよ！」と、答えが返ってきました。

ひさしぶりの散歩なので、「おてて、ガッチャンコだよ」「子どもの道（歩道）を歩くんだよ」と声をかけると、「ぬかさないんだよね！」と、子ども同士でも確認しあっていました。

9月のにわとりぐみ

睡眠

● ＳＳちゃんは、隣で寝ているＯＳくんに、「おふとん、かけよっか？」「トントンするね」と、お世話が大好き。そのようすを見て、同じくお世話したいお年ごろの女の子も、みんなでＯＳくんをトントン。自分の人形をおふとんの中でトントンして抱っこしながら寝ていく女の子もいて、気分はお母さんのようでした。

食事

● 保育士が、「（スープの）わかめを食べると、髪の毛がサラサラ、プリンセスみたいになるよ」と声をかけると、女の子たちの目がキラーン！ひと口食べては、「サラサラになった？」と、期待がいっぱいでした。
ほかにも、「野菜を食べるとお肌がツルツルになるらしい」「（星の形の）オクラを食べると、目がキラキラになるよ」と、楽しい会話。「おかわり！」が、増えました。

清潔

● 涼しい日はシャワー（着替え）をなくしていきました。戸外から帰ってきたとき、手洗いの順番を待てるように、「にわとり列車になって待ってよう」と列車になり、「１、２…９、10、おまけのおまけのきしゃぽっぽー　ぽーと

なったらかわりましょー　ぽっぽー」と歌うと、「はい、どーぞ！」と、自分から順番をかわっていく姿がありました。

あそび

● 雨の日、隣のお部屋で新聞あそびをしました。
みさきちゃんが、「もう眠た～い」と寝転がると、新聞紙をふとんにみたてて、たくさんかけてくれます。しばらくして、「もう朝か～」と、新聞紙の中から起きあがると大笑い。「もう１かいねて！」「まだおきないで！」とリクエスト。次には、子どもたちも、「おふとんかけて～」といっしょに寝転がり、かける側、かけられる側のイメージをもって、友だちとつながって楽しみました。

● もう一方の隣の部屋は、３～５歳児の異年齢クラス。朝夕のちょっとした時間にあそびに行くと、３歳児の子の手に手裏剣ベルトがついていました。これにあこがれて、男の子たちは同じベルトをつけて、戦いごっこに加わりました。そんな姿から、異年齢のかかわりが広がっていきます。

● 『３びきのこぶた』の絵本をもとに、楽しんできた追いかけあそび。オオカミをやっつけたい気持ちから、「おまめ、なげよう！」「アンパンチする！」と、やりとりも楽しくなりました。手裏剣ベルトがブームだった男の子たちは、「しゅりけん、シュシュシュシュー！」と、新たな技も。子どもが好きな技を取りいれたことで、月齢の低い子も高い子も、いっしょに楽しむことができました。

制作

● 運動会の応援で使おうと、マラカスを作りました。マラカスになるペットボトルには、切れ目を入れた、細長いキラキラのテープをちいさくちぎって入れました。
完成すると、事務室・給食室・他のクラスに出向き、運動会のうたをマラカスを振りながら、自信満々に歌いました。

● 夕方の子どもの少ない時間に、はさみを使うことにしました。安全な使い方を伝えながら、細長い紙を「1回切り」。コツをつかむと、たくさん紙をおかわり。なかなか切れない子は、保育士といっしょにしました。

10月のにわとりぐみ

運動会でちちんぷいぷい！こぶたになーれ！

10月のねらい

★つもりを共感しよう。
★自分の気持ちを話したり、友だちの気持ちを知ろう。

◆ 運動会で、「3びきのこぶた」ごっこ

10月のはじめに運動会がありました。たんぽぽ保育園では、２歳児から保護者と離れて子ども席に座ります。

子どもたちは、４月からオニやヤマンバになって追いかけるあそびを、たくさんしてきました。そこで、日ごろから楽しんでいる「つもりをもった追いかけあそび」を当日も見てもらえるといいなと思い、大好きな「３びきのこぶた」ごっこをもとに、オオカミを豆やトンカチでやっつけ、最後は仲直りしていっしょにあそび、お母さん、お父さんぶたのところへ帰る…という、これまでのあそびを競技にし、披露することにしました。

保育士がオオカミのお面をつけたり、

こぶたの家の壁面を作ったり、子どもたちが自分でぶたのお面を作ると、気分ももりあがり、見ている人からもわかりやすくなりました。

◆ オオカミをやっつける方法

運動会当日は、おおぜいの人に注目されて緊張するかな？と思いましたが、いつもどおり「ちちんぷいぷい、子どもたち、こぶたになーれ！」と魔法をかけると、ブーブーと言ってこぶたになりきっていました。

平均台の一本橋をわたったり、オオカミが追いかけると、力いっぱい走ったり、オオカミをやっつけるときは、豆やトンカチだけでなく「手裏剣だ～」「アンパンチ！」など、自分で考えた方法で反撃し、こぶたごっこの世界を楽しむことができました。

いつのまにかの仲直り

ＦＳくんが「怪獣だぞ～」と、ＭＲくんに、手でガブッ！とやるそぶり。ＭＲくんは怒って、ＦＳくんをドン！それから叩きあいに…。

一度は保育士が入り、おたがいの思いを伝えて落ち着いたものの、どちらもモヤモヤしたようす。

そこに、転んで泣いている子が…。保育士が、そちらで対応していると、ＦＳくんとＭＲくんが「なかなおりしたよ」と、ニコニコ顔。２人とも、「ごめんね」したとのこと。自分たちで考えて折りあいがつけられました。トラブルをとおして、相手の思いに少しずつ気づいていくのだと感じました。

10月のにわとりぐみ

魅力的な活動

- にわとりになって、２回目の遠足です。今回は子どもの足で30分はかかる「たこ公園」へ歩いて行き、バスに乗って帰ります。子どもたちは、たこ公園のすべり台、お弁当やバスが楽しみで、何日も前から「はやくいきたい」と話していました。
  当日は、友だちと手をつないで出発。途中、ケンカもなく、みんなウキウキで、30分もかからずに到着しました。帰りもみんなでバスに乗り、無事に帰園。自信につながりました。

生活のルール

- 行事への期待がもてるように、ホワイトボードに３日間の絵を描き、「３日カレンダー」を作りました。「あと２回寝たら運動会だよ」などと、朝の集まりや、おやつの時間に伝えると、行事の前に「あと１かいねると、えんそく！」「みんなでバス乗るんだよね」などと、期待する姿がありました。

食事

- これまで５人ずつの３グループで食事をしてきましたが、上手に食べられるようになったので、７人と８人の２グループにしました。いっしょに食べる保育士は、全体の子どもの姿がわかるように、1週間ごとに変わり、午前中のあそびをふり返って話をしたり、楽しい食事の時間になりました。12月からは、お箸を導入する予定です。

排泄

- 子どもたちの気持ちを大事にしながら、失敗が少なくなってきた子や、はきたい子は、寝る前にトイレに行き、布パンツで午睡するようになってきました。
散歩後・午睡前・午睡後・おやつ後と、活動の区切りに、トイレに行く習慣をつけたり、1人ひとりの排尿間隔を把握して声をかけていきましたが、自分から尿意を感じてトイレに向かう姿も増えてきました。

清潔

- 10月からは清拭ではなく、手洗いをすることにしました。お庭であそんだあと、看護師のゆうこさんに「バイキン虫メガネ」で手を見てもらうと、バイキンがいっぱい！ そこで、洗い方を教わり、順番に石けんで手を洗って、もう一度虫メガネで見てもらうと、バイキンが泣いて弱っています。子どもたちは、「バイキンやっつけた！」と、うれしそう。次の日からも、手洗いのうたを歌ったり、マイタオルを友だちに見せながら、手を洗っていました。服が汚れたり、濡れたときも、自分から着替えるなど、自分で考えた生活場面が増えてきました。

あそび

- 運動会後、散歩で大きい広場に行ったとき、「こぶたごっこ」が始まりました。
いつもあそんでいる園庭とはようすが違い、バラバラになってしまわないかと思いましたが、みんないっしょに逃げて、狭い柱のかげに隠れ、キュッと集まっています。「みんなであそぶのが楽しい」という思いが、形になった瞬間でした。
その後も、子どもたちだけで、オオカミがニャンニャンになったり、「こぶたごっこ」は変化しながら続いていきました。

- お部屋では、手先を使ったあそびも集中して楽しめるようになってきました。
粘土で、だんごやヘビ、せんべいなどを作ったり、道具を使って型抜きをしたり、ひも通しでは、大きめのビーズをつなげていけるようになりました。
体を使ったあそびのほうが好きな子も、保育士といっしょに長くつなげられると、達成感があり、うれしそうでした。

11月のにわとりぐみ

あこがれの幼児クラスといっしょに生活してみよう

11月のねらい

★つもりを共感しよう。
★自分の気持ちを話したり、友だちの気持ちを知ろう。

◆ 幼児クラスと、ゆったり交流

たんぽぽ保育園では、3～5歳児は異年齢クラス（うみ･やま）になります。これまでもリズムをしたりと交流はしてきましたが、3月の「お引っ越し会」（移行期間として幼児クラスでいっしょに生活する）の前に、少しずつ知りあいの幼児を増やし、異年齢の生活や散歩に慣れていくというねらいから、いっしょに散歩に行く機会をつくっていきました。

1グループずつ幼児クラスに行きますが、早朝保育や延長保育ですでに知っている子や、幼児クラスの子の写真とマークの絵を見て、「○○とつなぐ！」と、毎回事前に散歩で手をつなぐ相手を決めていました。

◆ 幼児クラスと、いっしょにお散歩

散歩では、手をつないでいる幼児に、「もうすぐつくよ！」と支えられながら、にわとりさんだけではなかなか行けない、遠い公園にも行きます。車の多い歩道では、「まもってあげる」と、幼児が車道側にまわってくれます。そんな姿を見て、年下の子には、同じようにかかわっていくのだろうなと思いました。

公園には、ブランコやローラーすべり台など、魅力的な遊具がいっぱいです。急なすべり台がこわくても、手つなぎをしていた幼児が、手をつないですべってくれました。手はつないでなくても、ブランコを押しあったり、幼児のバーベキューごっこにも加わって、異年齢のかかわりがたくさん見られました。

◆ 幼児クラスと、ご飯もいっしょ

園に帰ると、「たのしかった」「おにいちゃん、やさしかった」と、話していました。その後も、手をつないだ幼児を見つけると、目を合わせてニヤッと笑ったり、あそんだり。これからはいっしょにご飯を食べたり、お昼寝をしたり、段階的に大好きな幼児さんを増やしながら交流をしていきます。

すごいな、友だちの力

ＯＴちゃんとＯＳくんが、おもちゃの取りあいをして、保育士が話を聞いていました。そのようすを見ていたＦＳくんが、「『あとで』っていうのは、いっぱい、いっぱいつかって、もういいやってなったらだよ」と、話してくれました。２人は友だちから言われると気持ちを切りかえて、おもちゃを順番に使うことにしました。

友だちの力はすごいなと感じた場面でした。

11月のにわとりぐみ

食事

● 幼児クラスは秋に、いも掘り遠足があり、それをクッキングして他のクラスや保育士に、おいもをふるまう「いもパーティー」をします。
にわとりぐみも招待状をもらい、おやつの時間に食べに行きました。
はじめはドキドキしていた子も、異年齢散歩などでかかわったことのある幼児を見つけると、うれしそう。
幼児も、かかわりのある子を見つけると、「おかわりする？」と、声をかけてくれていました。

排泄

● 寒くなると、排尿の間隔が短くなります。ようすを見ながら１時間ごとに誘うと、失敗することが減って、自信がついてきました。朝、保育士といっしょにパンツを選びに行くと、楽しそうに柄の話をしながら自分で選んでいます。

あそび

● 公園に、どんぐりを拾いに行きました。
朝の集まりの後に、どんぐりを入れる「どんぐりバッグ」を１人ひとりにわたすと、ワクワクして遠い道のりもへっちゃら

です。どんぐりを見つけると、うれしそうに友だちに見せたり、バッグに入れていきます。たくさん落ちている場所を見つけると、すぐにバッグはいっぱいになりました。

- 園のバザーで、にわとりぐみの保護者と職員が、焼きそばの店を担当していたのを見ていた子どもたち。共通の体験があったので、公園で、焼きそばごっこが始まりました。
ベンチの上で落ち葉をたくさん集めて「いらっしゃいませー」「これがおにくで、やさいもたくさんはいっています」。
お部屋でも、段ボールに入っているもじゃもじゃ（緩衝材）や野菜のフェルト、トングなどを使ってあそびました。「〇〇ちゃんまたあそぼ」と、つながりが広がりました。

クッキング

- 「いもご飯」と、「キャベツのゆかりあえ」を作りました。
「いもご飯」は、１人ずつお米をといで、いもを炊飯器に入れ、「ゆかりあえ」は、キャベツをビリビリちぎり、ゆでてゆかりをまぜてモミモミしました。「キャベツビリビリ」は、ビーフンのクッキングをした経験があるので、「食べやすいようにちいさくビリビリしようか」と話すと、「これくらい？」と、保育士や友だちと見せあいながらちぎっていました。

給食室の職員が見にくると、「おいも、おいしいよ」「キャベツ、たべれるよ」と、ふだん野菜を食べない子もうれしそうに食べていました。

制 作

● にわとりぐみで、１本の大きな木の制作をしました。
前日に、はさみで「１回切り」した自分の色紙を、木の幹にペタペタと貼っていきます。保育士が木にのりを塗ると、バラバラッと色紙を振りかけたり、１枚ずつていねいに貼ったりしました。「できない～」と言う子がいると、いっしょに貼って、赤や黄色の大きな紅葉の木ができました。
お迎えに来た保護者にも「みて！大きい木、つくったんだよ」と、誇らしげに話していました。

たんぽぽ保育園
にわとりぐみの12か月

春から「自分で！」と張りきって着替えをしたり、夏にはプールでワニ泳ぎやイルカジャンプを自信満々に披露したり、秋には「オオカミやろう！」と友だちを誘いあったりと、日々楽しいことや「自分で」できた達成感を、子どもも保育士もともに実感しながら生活してきました。そして運動会では「オオカミごっこ」を披露しました。かんたんなやりとりで、月齢の高い子も低い子も関係なく、みんなで楽しんできたことに加え「○○でやっつけたい」という子どもたちのアイディアをたくさん取りいれて、にわとりぐみオリジナルの「オオカミごっこ」を楽しむことができました。

運動会後、ネコになりきることが好きだったKMくんが、「ねぼすけネコ」に変身して寝転び、ツンツンした友だちを「ニャー!」と追いかけて、何周か走ると再び眠りネコになる、というあそびが広がりブームになりました。ツンツンして、まてまてと追いかける流れは、「オオカミごっこ」と共通したイメージがあり、ふだんのあそびではあまりかかわりのなかった友だち同士でも楽しんでいる姿がありました。運動会が終わったあとも、子ども発信の楽しいことを取りいれ、少しずつ変化しながらオオカミごっこを楽しんだにわとりぐみでした。

「みんなで」あそぶことも大切にしながら、友だちとのかかわりがより深まるように、少人数でのあそびも大切にしてきました。お医者さん・焼きそば屋さん・お化粧ごっこなど、「みんな知っている」共通体験からのごっこあそびは、同じイメージをもちやすく、じっくりあそびこんでいました。また、月齢の低い子もわかりやすくあそべるように、聴診器やトング、お金などを作ってあそびに取りいれてみると、友だちとのイメージがつながって、よりもりあがり、グッズなどの環境を整えることも大切だとわかりました。

「今は何を楽しんでいるのだろう」と、子どもの姿から考え、「楽しかった！」と思える経験を、子どもも保育士もいっしょにつくっていくことが大切なのだと、1年間の子どもの姿をふり返って感じました。（稲熊美咲）

12月～3月の そらまめぐみ

★こすもす保育園★

2歳児クラス

やっつけるぞ
いっせーのーで!

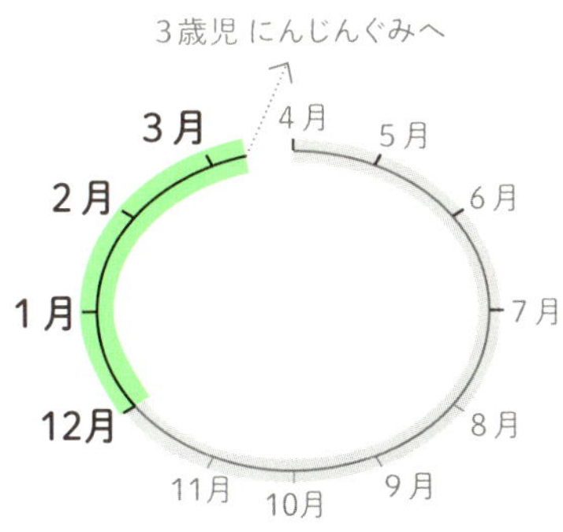

こすもす保育園
そらまめぐみ

行事

12月 ●クラス懇談会 ●誕生日会

1 月 ●もちつき大会 ●誕生日会

2 月 ●大きくなったお祝い会
●豆まき ●お楽しみ給食
●記念撮影 ●誕生日会
●消火訓練 ●クラス懇談会

3 月 ●誕生日会 ●避難訓練
●おわかれ遠足
●新年度準備日(希望保育日)

2016年度 そらまめぐみ

- KHくん……13年4月生
- KSくん……13年6月生
- MNちゃん……13年7月生
- YAくん……13年7月生
- YKちゃん……13年7月生
- HKくん……13年9月生
- NOくん……13年9月生
- KOくん……13年9月生
- NSくん……13年11月生
- YSちゃん……13年12月生
- YNちゃん……14年1月生
- TMくん……14年2月生

担当保育士
- ちかちゃん(13年目)
- ゆりちゃん(2年目)

臨職
午前/夕方 各1名

主な日課(12月)

8:00 合同保育からクラス保育に順次登園、自由あそび
9:00 トイレ
9:30 朝の会
10:00 午前の活動(散歩・課業など)
11:30 手洗い、食事 トイレ
12:30 午睡
14:30 起きた子からトイレ
15:30 おやつ
16:00 夕方のあそび 順次降園
17:30 トイレ
18:00 合同保育

12・1月の方針

集団づくり	クラス運営	●行事を期待して取り組むようにする。●新しいグループをつくるとともに、グループでの取り組みも行ってみる。●異年齢の取り組みを意識的にする。
	魅力的な活動	●かんたんなつもりあそびを広げる。●クッキングを楽しむ。●共同制作を楽しむ。●お祝い会の取り組みを楽しむ。
	生活のルール	●自分で納得して区切りをつけ、次の活動に向かえるようにする。●散歩のルールを確認する。●相手のことばや動作の意味を保育士の支えのなかで理解しはじめる。●子どもたちの見通しが持てるように、明日カレンダーをつくる。
基本的生活	育てたい力	●生活の見通しができ、自分でやろうとすることが増える。●難しいところは、保育士に手伝ってもらいながら、できるだけ自分の力でやろうとする。
	日課	●活動と活動のあいだの時間を多めにとり、1人ひとりが自分で気持ちや行動を切り替えていけるような日課をつくる。●午後にも主活動を取り組むなど、活動にもメリハリをつけ、長時間の生活を楽しめるようにする。
	睡眠	●保育士がそばにいて見守るなかで、ふとんに入り自分で寝る気持ちを作りながら、眠っていこうとする。●14時30分には起きる。
	食事	●苦手なものも、楽しい雰囲気や保育士の働きかけで食べてみる体験をする。●箸を体験していく。●手を添えるなど、食器の持ち方も伝えていく。●スプーンをバッキュン持ちになるように、働きかけていく。
	排泄	●活動の区切りにトイレに行く。●午睡前に、トイレへ誘う。●トイレ後の水流しや排泄後の後始末のしかたも伝えていく。●うんちが出そうになったら、おとなに教えるように働きかける。
	着脱	●衣類の脱ぎ着を自分でできるようにする。●洋服の前後、裏表を意識して着る(違いが分かる)。●日中はパンツで過ごせるようにしていく。
	清潔	●食後、お茶を飲んで口の中をきれいにする。 ●散歩の後に、手や足を洗う。●汚れたことに気づいて着替えようとする。 ●鼻水が出たことに気づき、おとなに教えたり、自分で拭こうとする。
	片付け	●生活やあそびの区切りで、保育士といっしょに片づけ、次の活動に向かおうとする。●おもちゃや絵本の片づけ方を知っていく。●次の活動へ気持ちよく向かえるために、作ったものをこわさずおくなど、働きかけの工夫をする。
環境		●同じおもちゃでも、数種類用意し、適時入れ替える。
健康		●部屋の換気や温度調節をする。●水分補給をしっかり行う。●気温の変化に合わせて、服の脱ぎ着をうながす。
あそび		●ごっこなど友だちといっしょにあそべるようになろう。●かんたんなつもりのある追いかけあそびや、ごっこを楽しみはじめる。●運動あそび：ボール投げ、リズム、ジャンプ●ごっこ：ままごと、お母さん、お店、おでかけ、お医者さん、あかちゃん●構成：電車あそび、ミニカー、ブロック、パズル、積み木●砂あそび（どろんこ、型ぬき、だんごつくり、スコップですくう）●役交代を楽しめるようなあそびをする。
散歩		●散歩先でのあそびを期待して出かけはじめる。●安全のルールを子どもたちと確認しながらいく。●探検散歩も取り入れる。●少し遠くまで散歩に行く。
作って食べる		●新しいグループでゼリー作り。●おやつのとき、保育士のやるフルーツの皮むきなどを見る。
課業	手指活動	●指で操作する楽しさを知る。●両手が使えるような取り組み。（はさみ、箸の取り組みなど）●かんたんな道具を使う。（ビーズ、ひもとおし、せんたくばさみ、積み木、パズル、折り紙、ねじまわし、ボタン）
	体育	●ろくぼくや板わたり、ドンドン橋、すべり台●両足をそろえて飛び降りる（50センチくらいまで）。●その場でジャンプできる。●リズム（汽車、トンボ、糸車、かめ、おふね、など）●マットででんぐり返し ●一定の高さのところをまたぐ。●公園の遊具を楽しむ。●大布あそび●平均台をわたる、くぐる。 ●鉄棒にぶらさがる。●ボールを投げる、蹴る、転がす。
	科学	●秋から冬にかけての季節を実感する。●どんぐり、落ち葉、おしろいばな、とんぼ、こおろぎ、バッタ、あり●日差しや気温の変化に気づく。暖かい（涼しい、寒いなど）に気づく。●自然を見つけて、楽しくかかわる。
	文学	●好きな絵本をめくり、覚えているお話をしはじめる。●絵本の世界を自分たちで楽しみはじめる。●少し長い話を楽しみはじめる。●『3びきのやぎのがらがらどん』『3びきのこぶた』『おだんごぱん』、「ぐりとぐら」・「11ぴきのねこ」「ぶたのたね」シリーズ絵本の世界を自分たちで楽しみはじめる。
	わらべうた・歌	● 歌をうたうことや、聴くことを楽しむ。●しぐさあそびを楽しむ。●手あそびを楽しむ。●一番星みつけた、とんとんとんこどもはいませんか、ばったんばったん、やまからやまかぜふけば、きーりすちょん、クリスマスのうた、お正月のうた
	描画	●描くことを楽しむ。●色を覚える。●道具の使い方を少しずつ覚える。●ぬりえ●折り紙を折る。(二つ折り)シール貼り●共同制作
連絡		●12月9日（金）クラス懇談会です。●12月22日（木）誕生日会です。YSちゃん、おめでとう。●1月13日（木）誕生日会です。YNちゃん、おめでとう。●寒くなってきたので、昼寝用の掛け布団も綿毛布など暖かいものにしてください。

12月のそらまめぐみ

自分の気持ちと友だちの気持ち ぶつかりあって仲よしに

12月のねらい

★友だちと、つもり・みたてあそびで共感し、楽しさを広げよう。
★自分の気持ち、友だちの気持ちを知り、交流できるようになろう。

◆ 後半のそらまめぐみ

子ども同士のかかわりが増え、イメージを共有したごっこあそびがもりあがり、生活の力もついてきました。

まだまだケンカもたくさん。泣いたり怒ったり、おたがいの思いをぶつけあいます。それでも、友だちとあそぶのが楽しくて、つながりたいのです。だから、自分の気持ちをコントロールしたり、「どうやったら楽しくあそべるか」考える姿も出てきました。

◆ 明日は、誰と手をつなぐ？

今までは、朝の会で、誰と手をつなぎたいか、１人ひとりに聞いて決め、散歩に出かけていました。最初はいつも同じメンバーでしたが、いっしょにあそんでいた友だちとつなぎたい、という思いも出るようになり、さまざまな心模様が見られました。

みんなが「これでいいよ」と、納得して楽しく散歩に出発したい。そう思うと、話しあいも長くなり、だんだん朝の会の時間だけでは決めきれなくなってきました。

その一方で、「こっちの手なら、つないでもいいよ」と、困っている友だちのことを気にかけてくれる姿も見られました。

そこで、それぞれの思いをていねいに聞く時間をつくろうと、散歩に行く前日のおやつの時間に行く先を伝え、手つなぎの相手をみんなで決めるようにしました。

すると、お昼寝のとき隣だった子や、今日の散歩で手をつないだ子の名前が出たりで、なかま関係が広がっていきました。

新しいグループ、「ぞうさん」と「きりんさん」

12月1日にグループ替えをしました。

ホワイトボードに、新しくぞうさんときりんさんが登場すると、子どもたちは、大喜び。それぞれに、子どもたちのマークを貼って、各自のグループをお知らせしました。そして、1人ずつ名前を呼んで、テーブルにマークを貼りながら、新しい席にご案内。

グループのメンバーや席は、最近の子どもたちの姿から、つながりたい友だちや、安心できる友だち、これからの子ども同士のかかわりを大切に、保育士で相談して決めました。

12月のそらまめぐみ

生活のルール

●朝の会やご飯のときに、「きょうは、なにするの？」「どこにいくの？」といった期待する姿が、たくさん出てくるようになりました。そこで、明日の活動をお知らせする「明日カレンダー」の導入を決めました。
朝の会で、昨日の主活動の話をして、「じゃあ、今日は…」と、これからやることを話します。
おやつの時間には「今日、○○したね」とふり返りながら、翌日の活動の話をするようにしました。
活動の絵が描かれたカードを「きょう」と「あした」の欄に貼って、散歩の行き先も、写真をカードにして伝えました。
子どもたちは、カレンダーを見ながら「きょうは、○○するんだよね」と、心待ちにしていました。時間の感覚や、ことばの理解が育ってきたのを感じました。

さんぽ

●散歩の手つなぎ相手を決めた翌日は、朝から「きょう、○○とつなぐんだよね」と、楽しみにしているのを感じます。
つなぎたい子に「いいよ！」と言ってもらえたり、友だちが自分とつなぎたいと言ってくれたうれしさを感じたり、ときには断られて、

悲しくなることもあります。
手つなぎを決める時間は、そんなやりとりをとおして、自分の気持ちを出しながら、友だちの気持ちを知り、少しずつ考えられるようになっていく、大事な学びの時間だと考えています。
断るときも、「ダメ！」や「いや！」だけでなく、「あしたなら、いいよ」「かえりなら、つなげるよ」と、伝えられるといいのですが、まだまだ2歳児。気持ちがコロコロ変わるのも、日常茶飯事です。行きはすごく楽しそうにつないでいても、帰りはいっしょにあそんで楽しかった子とつなぎたくなってしまう。そんなときは、散歩先で、また話しあって帰ってきています。

クッキング

● 子どもたちの大好きなゼリー（ぶどう味）を作りました。
ゼリーの素をお湯で溶かして、泡立て器で混ぜるのを、順番に手伝ってもらいます。
自分のカップに注ぐのも、自分でやりました。「こぼしたら、なくなっちゃうよね」なんて言いながら、真剣です。なみなみと注がれたゼリー液を見て、「わー、大もりだ！」と大喜び。
給食室に持っていき、「れいぞうこで、ひえひえにしてください」とお願いして、おやつの時間を楽しみに、お昼寝していき

ました。
完成したゼリーに、新しいぞうときりんのグループの旗を立てて、おいしく、楽しく食べました。

あそび

●公園に行くと、ブランコの下に水たまりができていました。ＫＨくんとＹＡくんが、水たまりに木の枝を入れ、葉っぱを魚にみたてた、魚釣りごっこを始めました。友だちも「なにしてるの～？」と集まってきて、同じように木の枝を探してきては、水たまりにチャポン！「つれた！」「おっきいよ～」と、魚釣り大会がもりあがります。保育園のバザーで、魚釣りコーナーであそんだのが、みんなの共通のイメージにあったようです。
「みて、ウニだよ」と、チクチクした木の実のぼうしを釣ったＹＡくん。大事そうに園に持ちかえり、お昼寝もウニといっしょでした。

1月のそらまめぐみ

あそびがどんどんふくらんで「楽しい」がいっぱいになる

1月のねらい

★友だちと、つもり・みたてあそびで共感し、楽しさを広げよう。
★自分でできることを増やしていこう。

◆ 2つのグループを1つに

朝夕の時間、自然と子どもたちが集まり、ごっこあそびがもりあがっています。あまりに楽しそうなので、「あそびをおしまいにするの、もったいないな…」と、呼びかけをためらってしまうほどです。

食事も、これまで6人ずつの2グループで、それぞれ保育士がついていましたが、来年度は大きい集団になっていくことを見越して、1月からはテーブルをくっつけ、12人全員で食べています。食事中も、あちこちで、おしゃべりがにぎやかです。

◆ 成長を喜びあえる、なかま

おむつから布パンツに、スプーンから箸に、食事用エプロンがなくても服を汚さず食べられるようになり、散歩の手つなぎでは、子ども同士で上手に歩けるようになりました。

そんな1つひとつを、みんなでいっしょに喜びあいながら、保育士が認めていくことで、子どもたちも、もうすぐにんじんぐみ（3歳児）だと、自信をもって実感しているようです。

あそびが楽しいと、食事も楽しい

散歩先でオオカミごっこを楽しんで帰ってきたあとの、昼食タイム。

ＹＫちゃんが、ほうれんそうのナムルをたくさんおかわりするので､「そんなに食べると、足が速くなっちゃって、ちかちゃんオオカミ、捕まえられなくなっちゃう。もう、おかわりしないで」。すると、ＹＫちゃん､「だめー！おかわりしちゃうよ～」と、楽しそう。

それを聞いた子どもたちも、「わたしも、たべる！」の大合唱で「足、はやくなっちゃった！」「いっぱい食べて､オオカミやっつける！」「ちかちゃんには、まけないもんね」と言う子どもたち。そこで、昼食の時間になってもまだあそびに夢中のときは、「ずーっとあそんでてね！みんなの分まで食べて、大きくなっちゃうから！」と、心をくすぐります。すると、オオカミに食べられてしまっては困ると思うのか、あわてて自分の席に座る子どもたちです。

あそびが楽しいと、生活の場面でもうんともりあがる姿から、あそびと生活とは切り離せないことを、改めて学ばされます。

1月のそらまめぐみ

食事

- 箸の導入にあたり、あそびながら練習をすることにしました。弾力があってつかみやすいスポンジを小さめに切ったものを用意すると、子どもたちは集中して挑戦。
そこから、ごっこあそびにも発展し、バーベキューごっこの網の上に、おもちにみたてたお手玉や、フェルトで作った魚も出してきて、箸を使って焼いて、ひっくり返して…。「おさかな、やけましたよ」「あついですよ」と、友だち同士でやりとりをしながら、箸の練習も楽しんでいました。

着脱

- 着脱を「やって～」と保育士に頼っていた子どもたち。少しずつ力がついてきて「１人でできるかな？」と声をかけると、「できるし！」と、自信満々でやる姿も出てきました。
くつ下が裏返しになって困っている子がいると、「やってあげようか？」と声をかけたり、ジャンパーのファスナーも、友だち同士でやりあいます。保育士に頼るのではなく、子ども同士で助けあう姿がほほえましく、成長を感じます。

あそび

●年明け、散歩で神社に行くと、「ちかちゃん、オオカミやって～」「ちちんぷいぷい、オオカミになれ！」と、子どもたちからオオカミごっこのリクエスト。さっそく変身した「ちかオオカミ」が、「おなかがすいた。子どものお尻を、からあげにして食べちゃうぞ。あ、お尻、発見！待て～」と始まると、一目散に逃げる子どもたち。みんなで石のかげに隠れ、身を潜めています。そこで…。

①子どもと、子ども側につくゆりちゃんが、「ちかオオカミ」をどうやっつけるか、作戦会議。「ジュウオウジャー！」「つぎはアンパンマン！」と、アイディアがどんどん出てきて、「いっせーのーで！」で、力を合わせて攻撃開始。オオカミは、一度はやられますが、「まだおなかがすいてるぞ～」と、また追いかけ、逃げて、隠れて…を、たくさん楽しみます。

②しばらくすると、お尻を隠しはじめる子どもたちが出てきます。すると、オオカミが「あー、お尻を隠したな。食べられ

ないよ〜」。すると「お尻を隠せば捕まらない」というルールが子どもたちに広がり、お尻を手で隠したり、地面に座りこんだり…。

「くっそー、隠すのが上手な子どもたちだ」と、オオカミが悔しがるのがうれしい子どもたち。食べられそうだけど、食べられない。ちょっとしたスリルが楽しいのです。

③おしまいは、はらぺこの「ちかオオカミ」に、「からあげ、ぽいぽいしたら、追いかけないかも！」と考えて、「いっせーのーで」で、「からあげ、ぽーい！」とみんなで投げると、「ちかオオカミ」がパクパク食べて、おなかいっぱい！「もう追いかけませ〜ん」と、握手で仲直り。

④「そらまめさんも、おなかすいたから、ご飯を食べに帰ろう」と、楽しいつもりの中で、保育園に帰ったのでした。

● 1月の誕生日会で、保育士がした「こぶとりじいさん」の劇を楽しんでいたので、テラスでこぶとりじいさんの追いかけっこをしてみました。

保育士がオニになり、「こぶをつけてやる〜」と、子どもたちを追いかけます。

オオカミごっこが浸透しているので、こぶをお尻につけようとすればお尻を、おっぱいにつけようとすればおっぱいを、ほっぺにつけようとすればほっぺを必死に隠します。

しばらくするとＫＳくんが、「おまめ、ポイポイすればいいんじゃない？」と、オニの嫌いな豆を投げる作戦を提案。みんなで「おまめ、ポイポーイ」と投げて、みごと作戦勝ち。最後は仲直りして、いっしょにオニのパンツを踊りました。

2月のそらまめぐみ

いろんな気持ちを経験して
だんだん3歳児の世界へ

2月のねらい

★集団あそびで、友だちとあそぶ楽しさを知ろう。
★自分で身のまわりのことができることを、自信にしていこう。

◆友だちとのかかわり

１つのあそびや取りくみを積み重ね、「みんなでやるのが楽しい」子どもたちです。

朝夕のあそびも、好きなあそびがいっしょだったり、安心できる関係の３、４人が集まって、あちらこちらであそぶことが増えてきました。あそびや生活の中で、友だちの好きなことや、つもりがわかり、友だちとのかかわりも深くなってきました。

◆「大きくなったお祝い会」で

日ごろ楽しんでいるあそびをとおして、この１年で大きくなった姿を保護者に見てもらうのが、「大きくなったお祝い会」です。２～５歳児クラスが、それぞれの出し物（幼児クラスは、主に劇あそび）をします。そらまめぐみは、共通のつもりをもって、みんなで楽しんでいる「ごっこあそび」を仕立てました。

秋から朝の会で楽しんできた、大型絵本『はらぺこあおむし』に合わせて、ごっこあそびが展開していきました。最初から最後まで楽しむ子もいれば、１人ひとり自分の好きな場面や、楽しいポイントが違っていたりします。
　当日は、おおぜいのお客さんに、いつものようすとは違った姿の子もいましたが、誰かに見られることを意識して、はずかしい気持ちも出てきたこと、心が育っているからこそ、「できていたことが、できなくなることもある」と、保護者にお話をして、また大きくなった姿として見てもらいました。

保育の一歩一歩を実感

　おたがいのあそびのつもりが違ってケンカになり、そのたびに「○○くんはこうしたくて、□□くんはこうしたかったんだよね」と、あいだに入って、つもりを聞いて、「じゃあ、どうしようか」と、子どもの思いをつなげてきた前半の保育が、今の姿になって、返ってきているような実感があります。
　いっしょにあそんだ経験を重ねて、１人ひとりの好きなことや、「その子のこと」がわかっていくように感じます。そんな友だちと毎日を暮らすことは、居心地のよさや、安心感にもつながるのだと思います。

2月のそらまめぐみ

食 事

●「大きくなったお祝い会」のあと、給食室が「あおむしごっこ、かわいかったよ」と、クッキーを作ってくれました。
あおむし、ちょうちょ、りんごの形に、「かわいい！」「お顔、たべちゃった！」「みんなで、あおむしになったよね」と、おしゃべりが弾みます。
行事やクラスの取りくみのときには、いつも給食室が応援してくれ、子どもたちを温かく見守ってくれています。

あそび

●にんじんぐみ（3歳児）のモルファンブロックを借りてあそんでいたとき、ＮＯくんが、ＫＨくんに「Ｋ、アレつくって。剣みたいなやつ」。
「あー、アレね」。
ＫＨくんはそれらしい剣を作り、ＮＯくんは「ありがとう」と、うれしそう。「アレ」で通じあう仲って、すごいなと思った場面でした。

●ごっこあそびがもりあがり、長い時間あそべるようになってきたのは、１人ひとりの好きなことや、つもりをわかりあえるようになってきたからなのだと思います。
あとからあそびに加わるときは、「なにしてるの？」と、つもりを聞く姿が多くなりました。また、「ここはおふろで、ここはトイレね」と、いっしょに決めてあそびを展開したり、「いいよ、そうしよう」と、相手のつもりに合わせる姿もあります。

●恐竜や生き物のフィギュア、デュプロやピタゴラで作ったおうちであそぶのがもりあがりました。

ＹＡくんは赤い恐竜、ＹＮちゃんは黄色い恐竜が好きというのが共通認識になっていて、赤い恐竜が落ちているとＹＡくんに､黄色い恐竜はＹＮちゃんにわたして､いっしょにあそぶ姿があります。
ぬり絵でも､「ＫＳくんはオレンジ、ＫＨくんは赤、ＹＳちゃんは青」と、好きな色を知っていて、今は使わないのにその色鉛筆をわたしたり、それぞれの好きなキャラクターも知っていて、さまざまな場面で「○○の好きな△△あったよ」と、声をかけあっています。

制作

●赤・黄・ピンクから好きな色の折り紙を選び、「さいたーさいたー」と歌いながら、チューリップを折りました。
大きな紙に水色の絵の具を塗り、チューリップを飾るお空も作りました。筆の使い方も上手になって､「おにいさん持ち（親指と人さし指）でやるんだよね」「まめっちょさん（ゼロ歳児）は、これ（絵の具）のんじゃうよね」と、話していました。

できあがったお空に、チューリップを飾り、後日、あいているところに、ちょうちょを飛ばすことにしました。

ちょうちょは、ちょうちょの形に切った画用紙に、クレヨンで模様を描き、その上から絵の具で色を塗って、はじき絵にすることにしました。

保育士が、ちょうちょの形の画用紙を耳にあて、「え？羽をきれいにしてほしいの？」と言うと、子どもたちもまねをします。画用紙を耳にあて、「オレンジがいいって！」「きいろがいいの？」と、ちょうちょと会話をしているのが、なんともかわいい姿でした。

- にじみ絵で、お雛様を作りました。

まずはコーヒーフィルターに水性ペンで自由に色をつけます。保育士が、「ちかちゃん、おうちから、魔法のお水持ってきたんだ。このお水を使うと、魔法がかかるんだよ」と、ペットボトルに入った水（ただの水道水）を見せると、子どもたちの目はキラキラです。水をつけた筆でフィルターの色をなぞると、じわーっとにじんで、本当に魔法がかかったよう。これが着物になり、乾いてから、色画用紙を顔型に切り、飾りと髪を描いておいたものに目と口を描いて、かわいいお雛様のできあがり。子ども心をくすぐる声かけや雰囲気で、楽しさも倍になりました。

3月のそらまめぐみ

だって、もうすぐにんじんさん！
期待とともに幼児さんへ

3月のねらい

★自分で身のまわりのことができることを、自信にしていこう。
★進級する喜びと期待をもてるようになろう。

◆ 乳児クラスから、幼児クラスへ

そらまめぐみも最後の１か月。仲よしの友だちを求めてこだわる姿や、子どもだけで集まってあそぶ姿もたくさん見られます。毎日のように「だって、もうすぐにんじんだもん！」と、大きくなったことを誇りに感じ、自信満々の子どもたちです。

◆ 大きくなって、より思いも複雑に…

散歩の手つなぎ相手を決めるとき、ＫＨくんが「ん～」と、ホワイトボードとにらめっこ。誰にしようか考えるけれど、なかなか言いだせません。「もしも断られたらどうしよう…」と、その思いは、より複雑なのです。そんな姿を見守りながら、手つなぎを決めるときは、ていねいに思いを聞いてかかわりました。

ある日、「Ｎ、いっしょにつないでもいい？」と、ＫＨくんがＮＯくんに保育士といっしょに聞くと、「いーよー！」の返事。

その日、ＫＨくんとの手つなぎ散歩がよほど楽しかったのか、お昼寝の時間、ＮＯくんからＫＨくんに、「いっしょにねよー」。そこに男の子２人も「いっしょにねたい！」とやってきて、この

日はＮＯくんのふとんに、男の子４人で横並びにぎゅうぎゅうになりながら寝ていきました。

ちかちゃんは、まめっちょへ

ゼロ歳児クラスからずっと持ち上がりだったちかちゃんが、４月からは、まめっちょぐみ（ゼロ歳児）の担任になります。事前にお話はしていましたが、子どもたちが混乱するといけないので、お別れ会をすることにしました。

ゆりちゃんは、そのまま持ち上がり、にんじんぐみ（３歳児）の担任に決まっていたので、ちかちゃんに内緒で、朝と夕の時間に、１人ずつ好きな絵を描いたり、シールを貼ったり、ゆりちゃんがメッセージを代筆してくれて、お手紙を書いているうちに、なんとなく「ちかちゃんは、まめっちょに行って、赤ちゃんの保母さんになる」ということを理解していきました。

お別れ会では、みんなでお手紙をわたし、みんな、さびしいけれど納得しているようすでした。

3月のそらまめぐみ

生活のルール

- ３月の最後の週は、新しいクラスの部屋で保育します。
子どもたちは朝からとても期待して登園し、３歳児にんじんぐみの引きだしや、テーブルに自分のマークを見つけて、大喜び。
朝の会では、進級に伴って新しいグループになったこと、来週から同法人のさざんか保育園や他園から新しいお友だちが来て、本当のにんじんぐみになることを伝えました。
テーブルに貼ってある、新しい友だちのマークとグループのマークも確認し、わくわくが止まらないようすでした。

食事

- そらまめぐみの最後に、クッキングをしました。
粘土で型抜きをしてクッキーにみたててあそんでいたので、本当のクッキーなら、なおうれしいだろうなと思ったのです。
生地（いちご味とプレーン味の２種類）は、保育士が用意しましたが、子どもたちは、保育士が手伝わなくても、粘土と同様に、①生地をちぎって丸め、②トントンとつぶし、③好きな型を選んで抜いていきました。
カラフルシュガーとフルーツミックスゼリーのトッピングも、味見をしたり、のせる位置にこだわって、自分でのせました。
みんなで給食室に持っていき、「やいてください！」とお願いして、おやつの時間に自分で作ったクッキーを食べました。

あそび

● 公園に行ったとき、落ちていた黒いロープを保育士がしっぽにみたててお尻につけ、追いかけっこをしました。たまたま落ちていたのでやってみたのですが、意外ともりあがり、「しっぽ取りであそべそうだね」と、担当同士で話しあいました。
そこで、朝の会で、オレンジ色のタフロープで作ったしっぽを出すと、みんなわくわく。
はじめてなので、公園ではやりたい子だけ誘い、子どもたちにしっぽをつけ、保育士２人が追いかけます。その際、しっぽは取ろうとはしますが、絶対に取らないことにしました。まだ追いかけられるのが楽しい時期だし、しっぽを取ってしまうと、楽しめなくなると考えたからです。

取られそうになると、地面に座ってしっぽをかくしたり、自分でしっぽを抜いて、「もうないよー」と言ったりします。保育士が、「子どもたちの足が速くて、１本も取れなかった～」「今の勝負、子どもたちの勝ち！」と言うと、参加していなかった子も、なぜかガッツポーズで大喜び。

２歳児は、あそびに入っていなくても、その場にいた雰囲気だけで、やったつもりになれるようで、ほほえましく思いました。

本来の「しっぽ取り」のルールでは、まだあそべませんが、子どもたちのいろいろな姿から、１人ひとりに合ったあそびのおもしろさを大切にしながら、保育していきたいと思いました。

こすもす保育園
そらまめぐみの12か月

進級式で大きくなったことを感じ、これからの生活に期待がもてるよう、そらまめのペンダントと、カラー帽子のプレゼントからスタートしました。

そらまめ色のゼリーや大きなホットケーキのクッキングをして「えんどうさん（１歳児）にはできないよね」「そらまめさんは大きいからできるんだよね」と、大きくなったことを喜びあいました。

恐竜好きのＫＨくんをきっかけに、男の子たちが恐竜になりきってあそぶことが楽しくなりました。プールでもかわいい恐竜に次々と変身。大きなウレタン板をお舟にしている女の子たちを「ガオー」と追いかけて、ジャングルクルーズごっこがもりあがりました。保育士や友だちと、あそびをふり返りながらの食事の時間はにぎやかで、おふとんに入るとバタンキューで眠っていく幸せな生活。あそびと生活が充実した前半期です。

恐竜ブームはクラス全体に広がり、同じイメージを共有していっしょにあそぶと、友だちとの距離がぐっと縮まり、楽しさも倍になりました。保育の中で、つもりのある追いかけあそびを楽しく展開するために、保育士が子ども側と追いかける側に分かれてあそぶことが、この時期の大切なポイントでした。

後半の朝夕は、好きなあそびで友だちとつながり、夢中になってあそびこむ姿がありました。前半はおたがいのやりたいことが違い、ケンカになることが多かったのですが、友だちのつもりや好きなことをわかりあいながらあそべるようになり、あそびが心地よく続くようになりました。

見とおす力も育ってきたころに「明日カレンダー」を導入し、次の日の活動に楽しみと期待をもって登園してくる子どもたち。布パンツの定着、食事の前の手洗いや食事用エプロンの卒業、お箸で食べるなど、「できることが増えて、大きくなった！」と、生活のさまざまな場面で実感することも多かったです。泣いて怒って自分の思いを出しながらも、保育士・友だちと大笑いするほどの楽しいあそびを積みかさねることで、友だちといっしょにいることが大好きになりました。　（永岡佑梨）

新瑞福祉会の２歳児保育で大切にしていること

加藤百合子・伊藤洋子

おとなの存在を支えに、友だちとつながっていく

２歳になると自分なりのイメージがふくらみ、お医者さんのつもりでブロックを注射器に見立てて診察したり、お母さんのつもりで買い物に行くまねをしたりするなど、みたて・つもりのあそびを楽しむようになります。年度のはじめは自分のイメージで思い思いにあそんでいますが、保育士の仲立ちにより、しだいに子ども同士でイメージを共有するようになります。

こうして２歳児では、つもりをわかってくれるおとなの存在を支えに、友だちとのつながりを深めていきます。

29ページの「わらべうた」の実践（７月のあずき・たけのこぐみ）で、ＹＵくんは楽しかったわらべうたあそびをＹＳちゃんとしたかったのですが、ことばでは伝えられず「布をかける」ことであそびに誘っていました。そのことはＹＳちゃんには伝わらず、突然布をかけられたと思って怒ってしまいました。保育士は、それぞれの気持ちを聞いて２人に伝えています。どちらの思いも受けとめられたから、いっしょにあそぶことができたのでしょう。

ゼロ歳児で人とふれあう心地よさを知り、１歳児で安心して自分の思いを出してきた子どもたちは、２歳で自分の思いをわかってくれるおとなを支えにして、友だちに目が向き、友だちの思いや気持ちに気づきはじめます。

ときには、おたがいのつもりがすれ違ってケンカになることもありますが、ケンカは相手の思いに気づくよい機会ととらえて、保育士は子ども１人ひとりからつもりや思いを聞き、それぞれの思いを伝えることを大切にしています。

楽しみをイメージできる、わかりやすい生活を

２歳児は楽しかった経験を重ねると、楽しいことをイメージできるようになります。楽しい活動がイメージできると、子ども自身が見とおし

をもって生活が送れるようになります。ですから、子どもがイメージしやすいように、わかりやすい生活づくりが大切です。

今日の活動をホワイトボードに書き、朝の会で子どもたちと確認したり、絵カードを使って散歩先を示したり、目で見てわかるようなくふうをしています。ことばかけも、「お片づけしよう」ではなく「○○するからお片づけしよう」と、次にすることがわかり、期待をもって活動に向かっていけるようなくふうが大切です。

Kくんは、朝の会にはいつも積極的に参加していましたが、みんなにいっせいに散歩先を知らせるやり方ではわかりにくかったようです。庭あそびのつもりでいて、「お散歩行くよ」と声をかけたら、「いかない」と怒ってしまいました。

そこで次からは絵カードをもう1組作り、庭に出る前や、手をつないで出発する前に、「今日どこ行くんだっけ」「○○公園だったね」と、Kくんだけでなく1人ひとりに声をかけながら、カードを見せて確認しました。するとKくんも「きょうさんぽ?」とカードを見ながら保育士に確認するようになり、自分から「おさんぽにいきたい」と出発できるようになりました。個別に声をかけること、ことばかけの内容だけでなく、いつ、どんな場面で声かけするかのくふうも必要でした。また、子どもが自分で活動を選んで自分で気持ちを切り替えることを大切にするためには、時間の余裕も必要です。

あそびが広がる環境づくりも大切に

2歳児の後半になってくると、子どもたちのイメージの世界はグッと広がっていきます。おしゃべりも上手になってきて、「きのうでんしゃのった」「ドクターイエローみたよ」「Mくんもみたことある」と、友だち同士で同じイメージで会話が弾むようになってきます。そこから、「しんかんせんのろう」「いいよ」と、さらにあそびが広がっていくのです。

しかし、イメージのふくらみにも個人差があります。「にゃーにゃー」とネコになってあそぶネコごっこなどは、誰にでもわかりやすく、みんなで楽しめるあそびです。こんなあそびも大切にしたいです。

そんな子どもたちの世界を大切にするために、1人ひとりのつもりを大事にし、イメージが豊かになるような保育室の環境を整えることが大切です。おままごとや病院ごっこのコーナーと、電車やブロックコーナー、戦いごっこのコーナーなど、あそびごとにコーナーを作り、それぞれのあそびが邪魔されず、つもりを守ってあげられるような環境づくりを意識できるとよいと思います。

イメージの世界が広がると、絵本もより楽しく

朝の会で『11ぴきのねこふくろのなか』を読みました。お散歩中に看板や道路標識を見て、「ここをわたるなってかいてあるのかな？」「はなをとるなってかいてあるの？」と、口々に絵本のことを思い出しています。保育士もいっしょに「そうかも。ウヒアハが看板を立てたのかも」と探検を楽しみます。途中で壁の穴（水道管）を見つけたＴくんが「ここからオバケがでてくるかも」と言うと「にげろー！」と走っていく子どもたち。まだ同じイメージをもっていない子も、そうやってみんなで走ることを楽しんでいました。

まだ１人ひとりのつもりは違うけれど、おとながつなげてあそぶことで、いつもは気にもとめない橋や建物の横の道、落ちている実など何気ないものが、みんなといっしょだと探検ごっこになります。「どこかにウヒアハがいるかもしれない」「オバケがでてくるかも」と散歩を楽しめるようになっていったエピソードです。

保育士も子どもたちといっしょにイメージの世界を楽しみ、つながる楽しさを知っていきます。子どもの「もっとやりたい」「友だちとあそぶのが楽しい」を広げていき、子ども同士が「ちょっとつながる」経験を積み重ねることで、だんだん「もっと友だちとあそびたい」と、おとなとの関係から、子ども同士の関係に変化していくのだと思います。

みんなの成長を喜びあう保護者集団に

２歳になるとかみつきはほとんどなくなり、子ども同士でよくあそびます。反面、それぞれ自分のつもりがしっかりしてくるので、それが理解されないとケンカが起こります。１歳児期よりもケンカの回数は減るものの、ケンカになるとなかなか気持ちがおさまらない、激しいケンカ

になることがあります。
　また、力の強い子、おとなしい子、よくしゃべる子、しゃべらない子など、発達の個人差や、その子らしさの違いがはっきり見えてきます。すると、「うちの子だけしゃべらない」とか「まだトイレに行かないのはなぜ？」と、他の子と比べ「どうしてできないの」と保護者がわが子に迫ってしまうこともあります。
　クラスの子どもみんなを見つめ、比べるのではなくそれぞれの違いを認め、その子らしく成長している姿を語りあえる保護者集団になるといいですね。そのためには、保育士が日々の子どものようすをとらえて、具体的な姿でその子らしさを語れるようになりましょう。

保育士同士連携し、１人でがんばらない

　散歩で公園につくと「おおかみだぞー！」「早くみんなレンガのうちに逃げよう！」と、オオカミやこぶたになったつもりで追いかけっこが始まります。保育士は、オオカミ役と、子どもたちと同じこぶた役に分かれてあそびをリードすることになります。子どもたちのあそぶようすから、保育士同士でどのようにあそびを展開していくのか、事前に打ちあわせをしたり、連携をとることが、子どもたちのつもりがまとまって、あそびがもりあがることにつながります。
　また子どものつもりは、生活のさまざまな場面でも現れます。部屋から外に出るときに、「保育士よりも先に出るつもりだった」とか、トイレの水を保育士が流したあとに「自分でやるつもりだった」とか、つもりどおりいかないと、急に激しく泣き出したりします。つもりがあるだけに、いったん泣きはじめるとなかなかおさまらないときも、「そうじゃない！」と、対応している保育士とこじれてしまう場合もあります。そんなときは、別の保育士がバトンタッチして、気分を変えるのも有効です。
　保育士同士が、あそびの中だけでなく、子どもとこじれた場面でも気軽に声をかけあい、補いあえる関係でいると、気持ちに余裕ができて、子どもたちにゆったりと接することができるでしょう。

著：社会福祉法人 新瑞（あらたま）福祉会

執筆者
P 2～5　小西 文代
P 8～30　加藤 百合子
P32～54　松下 玲奈・稲熊 美咲
P56～78　高羽 千賀・永岡 佑梨
P79～82　加藤 百合子・伊藤 洋子

絵：柏木牧子
ブックデザイン：稲垣結子（ヒロ工房）
表紙写真：たんぽぽ保育園

本書は2015～17年度『ちいさいなかま』の
連載を加筆・再構成したものです

2歳児クラスの12か月

初版第1刷発行　2019年1月25日

発行：ちいさいなかま社
〒162-0837　東京都新宿区納戸町26-3　保育プラザ
TEL 03-6265-3172
FAX 03-6265-3230
URL http://www.hoiku-zenhoren.org/

発売：ひとなる書房
〒113-0033　東京都文京区本郷2-17-13-101
TEL 03-3811-1372
FAX 03-3811-1383
E-mail　hitonaru@alles.or.jp

印刷：東銀座印刷出版株式会社

ISBN978-4-89464-261-4　C3037